Nahrung für die Seele

Jennifer Louden

Das *kleine* Wohlfühlbuch der Lebenskunst

Nahrung für die Seele

Jennifer Louden

Das kleine Wohlfühlbuch der Lebenskunst

Bauer

Verlag Hermann Bauer
Freiburg im Breisgau

Die Deutsche Bibliothek – CIP-Einheitsaufnahme

Ein Titeldatensatz für diese Publikation ist bei
Der Deutschen Bibliothek erhältlich

Herausgegeben von Richard Reschika

1. Auflage 2002
ISBN 3-7626-0860-1

www.hermann-bauer.de

Einband: Ralph Höllrigl, Freiburg i. Br.
Gesamtherstellung: fgb · freiburger graphische betriebe
www.fgb.de
Printed in Germany

Inhalt

1. Einleitung

Ich habe dieses Büchlein für all diejenigen unter uns geschrieben, die, so wie ich, jeden Dezember in den Regalen der Schreibwarengeschäfte die schönen, noch jungfräulichen Terminkalender bestaunen, die ihnen so vielversprechend entgegenlachen. Für diejenigen, die jede Menge Geld für Zeit-Management- und ähnliche Seminare ausgeben, in der Hoffnung, dass sie ihr Leben ein für alle Mal in den Griff bekommen. Ich habe dieses Büchlein geschrieben, als ich begriff, dass das Gleichgewicht, von dem heute überall die Rede ist, sich erst dann in unserem Leben einstellt, wenn wir aufhören, es außerhalb von uns zu suchen.

Ich habe jahrelang danach gesucht, und ich habe Folgendes herausgefunden: Um ins Gleichgewicht zu kommen, muss man nach innen gehen. Es wird in meinem Leben wohl kaum eine Woche geben, in der ich alles tun kann, was ich gerne tun würde: in der ich meiner Tochter genug Zeit und Liebe gebe, in der ich mit voller Kraft an meine Arbeit gehe, in der ich mich meinem Partner, meinen Freunden, meinem Körper und meinen spirituellen Bedürfnissen gleichermaßen widme. So was gibt es nur im Film, nicht im wirklichen Leben. Die Frage ist: »Was ist *möglich*?« und die Antwort lautet: »Mach langsam, geh in dich und höre.« Stell dir konkrete, sinnvolle Fragen, dann findest du deinen Weg, dich ganz zu fühlen und ins Gleichgewicht zu kommen – in ein Gleichgewicht, das realistisch ist und für jede von uns anders. Und ich habe noch etwas herausgefunden: Es hängt weniger von unserem Terminkalender ab als vielmehr davon, ob wir mit dem Göttlichen, dem Allerhöchsten oder wie immer du es nennen magst, in Kontakt sind. Die alte Management-Maxime: »Tu das Wichtigste zuerst« gewinnt hier auf einer höheren Ebene an Bedeutung. Wenn wir auf das hören, was die vielen Stimmen in uns sagen, und auf die Erfahrungen, die wir im Laufe unseres Lebens gesammelt haben; wenn wir unseren X-Chromosomen folgen, unserem Instinkt und unserem Spürsinn; wenn wir lernen, der Führung zu vertrauen, die uns allen zur Verfügung steht: dann können wir ein Gefühl dafür entwickeln, worum es in unserem Leben geht. Und dann wissen wir, was der nächste Schritt ist, den wir zu gehen haben. Noch etwas ist mir und vielen Frauen, die ich interviewt habe, klar geworden: Wir machen Pläne, wir setzen uns Ziele, und das ist wichtig – aber auch wenn wir es noch so präzise machen: Wir kommen selten dort an, wo wir hin wollten. Das klingt nicht sehr ermutigend, aber es kann uns eine große Hilfe sein, wenn wir lernen wollen, dem nachzugehen, was unser Leben uns zeigen möchte.

Das Gleichgewicht, von dem hier die Rede ist, nenne ich das »göttliche (oder höchste) Gleichgewicht«. Die Fragen, die du in diesem Büchlein findest, helfen dir, dich ihm zu nähern. Sie sind eine Mischung aus spiritueller Lebensplanung, göttlichem Zeitmanagement und einer Methode, die dir helfen soll, dich mit deinem Innenleben zu befassen. Sie helfen dir, das in dein Leben zu integrieren, was der bekannte buddhistische Mönch Thich Nhat Hanh so formuliert: »Zu lieben bedeutet zuzuhören. Zuhören ist etwas sehr Wichtiges. Da gibt es eine Stimme, die uns ruft, und sie will, dass wir sie hören. Vielleicht ist es unser Körper, der uns etwas sagen möchte. Vielleicht sind es unsere Gefühle. Vielleicht ist es unsere

Wahrnehmung. Es ist wichtig, dass wir diese Stimme hören. Unsere Fähigkeit, uns selbst zuzuhören, ist die Grundlage unserer Fähigkeit, anderen zuzuhören. Unsere Fähigkeit, andere zu lieben, hängt ab von unserer Fähigkeit, uns selbst zu lieben.«

Am meisten profitierst du von den Fragen, wenn du …

dir bewusst machst, dass es keine »richtige« und keine »falsche« Art gibt, mit ihnen umzugehen. Eines wollen sie auf keinen Fall: ein weiteres »Muss« auf deiner Liste. Es geht hier nicht darum, dein Leben zu verändern, ein Patentrezept zu finden oder ein für alle Mal alles in den Griff zu bekommen. Es geht darum, zu *lauschen* und dem zu folgen, was du hörst.

Darum:

Arbeite in deinem eigenen Tempo! Und vertrau darauf, dass dein Tempo für dich das Richtige ist.

Manch ein Ratgeber arbeitet mit Schuldgefühlen, und du fühlst dich schlecht, wenn du nicht jeden Tag zweimal ein Kapitel durchkaust. Du musst dich an gewisse Regeln halten. Du darfst keine losen Blätter verwenden, du musst alles ordentlich aufbewahren, und wenn du das nicht tust, dann … Hier darfst du alles, auch schlampig sein! Und, bitte, mach dir keinen Stress! Hier noch ein paar Tipps:

- Schreibe, wenn du das Bedürfnis verspürst.
- Versuch nicht, alle Fragen auf einmal zu beantworten.

- Mach dir das Lauschen zur Gewohnheit.
- Mach es nicht mit dem Kopf, mach es mit dem Herzen.

Lass deine Hand über die kühle Buchseite gleiten. Mach dich frei von deinen Ängsten, deinen Sorgen, deinem Stress. Mach dich frei von allem, was du in Selbsterfahrungskursen über dich gelernt hast. Oder glaubst du, dass du gar nichts weißt? Mach dich auch davon frei.

Übrigens: Ein gutes Mittel gegen Stress und wenn du das Gleichgewicht verlierst, ist, in dich hineinzuhören, wenn du mittendrin steckst. Ein anderes Gegenmittel: Lass deinen Anspruch los, alles perfekt machen zu wollen. Erinnere dich daran:

Es gibt keinen richtigen und keinen falschen Weg. Es gibt nur *deinen* Weg. Es gibt dir sehr viel Kraft, wenn du das verinnerlichst, wenn du wirklich daran glaubst, dass es »den einen, richtigen Weg« nicht gibt.

Steig in dein Bett, klettere aufs Dach oder setz dich im Garten auf die Schaukel; such dir einen ruhigen, netten Ort in der Natur. Nimm dich bei der Hand. Sei gut zu dir.

Was brauche ich jetzt am nötigsten?

– Stille	– spirituelle Unterstützung
– Energie	– gesundes Essen
– Gesundheit	– frische Luft
– Ruhe	– Bewegung
– Zeit für meinen Partner	– Geld
– Zeit für mich	– Friede am Arbeitsplatz
– Kreativität	– oder: __________

Wähl eine Sache aus. Oder hast du das Gefühl, dass du alles brauchst? Wenn wir anfangen, auf uns selbst zu achten, haben wir mitunter das Gefühl, völlig ausgehungert zu sein. Dennoch: Wähl dir *eine* Sache aus.

Mystiker und Heilige sagen, wir haben eine Führung, die uns immer zur Verfügung steht. Ist es wirklich so?

Welchen kleinen Schritt bin ich bereit zu tun,
um mehr ________ zu bekommen?

Überleg dir zunächst, ob es wirklich das ist, was du jetzt am meisten brauchst, oder ob es etwas gibt, das du noch dringender benötigst. Der zweite Schritt ist: Stell dir vor, dass du es wirklich haben kannst. Wichtig ist auch hier, dass du kleine Schritte machst.

Wovon brauche ich weniger in meinem Leben?

Angst, Sorgen, Arbeit, Ärger, Unordnung, Essen, oder: ________________

Welchen bescheidenen Schritt bin ich bereit zu unternehmen, um eines dieser Dinge zu reduzieren?

Wichtig ist auch hier: Nimm dir nicht zu viel auf einmal vor. Und nimm dir nichts vor, wozu du nicht wirklich stehen kannst – und mag es noch so klein sein. Schreib sie dir auf, diese eine, kleine, praktikable Sache, die du leicht loslassen kannst.

★

2. Begegnung mit der Botin der Lebenskunst

Ich sitze in einer kleinen Glashütte in den Rocky Mountains und versuche, etwas über das Sich-gefangen-Fühlen zu Papier zu bringen. Ich habe schon fünfzig Seiten geschrieben, doch das meiste erscheint mir unbrauchbar. Eigentlich möchte ich schlafen, nichts als schlafen, dem Gefühl der Müdigkeit nachgeben, das die Höhenluft auslöst.

Draußen vor der Tür glitzert das Sonnenlicht auf den parkenden Autos. Meine Stimme durchdringt die raue Luft: »He, du bist hergekommen, um ein Thema zu finden. Du hast Urlaub von deiner Familie genommen. Du hast Geld für die Reise ausgegeben. Du bist hier, um zu schreiben. Mach dich also an die Arbeit!«

Schreiben oder schlafen? Aufgeben oder hinknien? Ich schwanke zwischen Unentschlossenheit und Selbstverachtung, aber ich schaffe es: Ich stecke mein Notizbuch und einen Kuli ein und mach mich auf den Weg zum Bach, wo ein Tisch unter den Weiden steht. Ich versuche, das zu tun, was man in Seminaren zum Thema »Kreativität« lernt: »Fang einfach an zu schreiben. Lass es fließen. Halte deinen Stift immer in Bewegung. Vertraue! Der Rest geschieht von ganz allein. Fang an zu schreiben, und der schöpferische Geist wird durch dich sprechen.« Ich kann diese

Ratschläge nicht mehr hören! Vielleicht kann ich sie nicht mehr hören, weil ich nicht *hören* will. Aber ich schreibe. Ich schreibe 1000 Gründe auf, warum ich nie mehr schreiben werde.

Mit einem Mal spüre ich einen Luftzug im Nacken und einen herben Geruch, der sich aus sauberem Schweiß, frisch gemähtem Gras und backofenfrischen Schokoladenplätzchen zusammensetzt. Ich halte gewissenhaft fest, damit mein Stift in Bewegung bleibt. Die Brise wird stärker, und die Seiten des Notizbuchs, das ich vor mir habe, geraten in Bewegung. Ich beuge mich über den Tisch und versuche, sie mit der linken Hand und dem linken Ellbogen festzuhalten.

Plötzlich kommt von hinten eine

Stimme: »Hör auf, Kleine! Hör auf zu schreiben, und fang an zu springen.«

Ich fahre herum und sehe hinter mir eine Frau wie aus einem Märchen, mit einer Krone auf dem Kopf und im schimmerndsten Pyjama, den ich je gesehen habe, einem Pyjama, der mich an kuschelige Regentage vor dem Kamin erinnert. Sie ist sehr groß, und sie trägt einen Umhang aus Rosenblättern. Die Strahlen der Mittagssonne, die von einer Gießkanne zurückgeworfen werden, fallen auf ihr Gesicht, sodass ich ihre Züge nur verschwommen sehe.

»Wer bist du?« krächze ich, weil es mir die Stimme verschlagen hat. Sie hebt die Hand zu einer Geste, die meine Frage beiseite wischt, und ich höre kleine Glöckchen läuten. »So, so. Du gibst dich also mal wieder der Verzweiflung hin. Wann lernst du endlich loszulassen? Wann hörst du auf, dich ängstlich festzuhalten? Du schaffst deinen Körper an diesen wunderbaren Ort, aber wo ist deine Seele? Die hast du daheim gelassen, im Keller. Was soll ich nur mit dir machen?«

Ihr Umhang streift meinen Arm, als sie an mir vorüberschreitet. Sie legt sich auf den Boden, und die Erlenzweige unter ihr verströmen einen Duft, der sich mit ihrem mischt. Noch immer kann ich ihr Gesicht nicht deutlich sehen.

»Weißt du, warum ich hier bin? Ich bin hier, um dich zu fragen, ob du den Mut, die Mittel und die Entschlossenheit hast, das zu tun, was dir jetzt weiterhilft. Hast du genug Vertrauen, um mal mit dem Schreiben aufzuhören? Wie wärs mit einer Pause? Lass den Vorhang fallen! Wie findest du die Vorstellung?«

Ich will ihr sagen, dass sie sich widerspricht, aber ich kriege kein Wort über die Lippen.

»Wer hat dir beigebracht, dir so wenig zu vertrauen? Wer hat dir beigebracht, dich nicht zu lieben? Aber das ist jetzt nicht mehr wichtig, denn jetzt bin ich hier, um dir die geheime Offenbarung der Lebenskunst zu überbringen, die Sutren deiner Muse. Du hast schon vielen Frauen etwas beigebracht. Doch wer unterrichtet dich? Jede Frau ist eine Lehrerin, und jede Frau braucht eine Lehrerin, die sie lehrt und die sie hält. Das Erste, was du lernen musst, ist: Hör auf, so kopflastig zu sein.« Sie kichert über ihren Scherz. Ich höre ein Geräusch. Es klingt, als ob sie ein Feuerzeug entzündet und Eiswürfel in ein Glas gegeben hätte. Raucht sie eine Zigarette? Macht sie sich einen Drink?

»Ich sage dir, welche Frage du dir stellen musst: ›Wie kann ich Essen kochen, Betten beziehen, putzen, bügeln, waschen und trotzdem mit der großen Energiequelle *in Verbindung bleiben*?‹ Mit deiner Einstellung schaffst du es *nicht*! Was machst du aus deinem Leben? Gestaltest du es oder vermasselst du es?«

Ihre Worte treffen mich, und als ich den Mund öffnen will, um etwas zu erwidern, berührt sie meinen Nacken mit ihrer kühlen, etwas rauen Hand und führt meinen Kopf nach vorne, bis er auf den Tisch sinkt und ich daliege wie ein eingeschlafenes Kind. »Ich weiß, dass es dir wehtut, was ich sage«, flüstert sie, »aber manchmal braucht man ein Gegengift, um gesund zu werden. Homöopathie des Geistes sozusagen. Was tust du, wenn du mit der Wahrheit konfrontiert wirst? Du verurteilst dich, du bestrafst dich, du knirschst mit den Zähnen, du reißt dir die Haare aus. Ich bin hier, um dir zu helfen. Ich will dir helfen, alles anzusehen, was du an dir nicht magst. Aber voller Mitgefühl, verstehst du? Voller Mitgefühl! Was du mit Liebe ansiehst, macht dich stark!«

»Wer bist du?« flüstere ich in meine Unterarme und frage mich, wieso sie weiß, dass ich mit den Tränen kämpfe.

»Ich bin die Botin der Lebenskunst, mein Schatz. Ich bin gekommen, um dich aufzuwecken!«

Die Botin der Lebenskunst oder BL, wie ich sie in Zukunft nennen werde (obwohl »Wohlfühlfee« auch nicht schlecht klingt!), wirkt auf mich wie eine Mischung aus einem Hippie und einer afrikanischen Prinzessin. Und ein bisschen hat sie auch von der Muttergottes. Anhänger von C. G. Jung würden sie meinen »inneren Führer« nennen, die alten Griechen meine »Muse«, die Schamanen meinen »Schutzgeist«. Eigentlich wünsche ich mir schon seit Jahren, dass jemand Ordnung in mein Leben bringt. Ich habe mich entschlossen, BL als Freundin anzusehen, die mir dabei helfen wird.

3. Was ist dir wirklich wichtig?

Während der letzten Jahre bin ich immer mehr Frauen begegnet, die wissen, was sie brauchen, Frauen, die jahrelang in einer Therapie gewesen sind, Frauen, die ganze Stapel von Selbsthilfe-Büchern verschlungen haben, die auf Retreats oder in Ashrams gewesen sind und die nicht länger suchen. Sie haben, oft nach schweren oder schmerzlichen Erlebnissen, einen Punkt erreicht, an dem sie sich und ihr Leben so akzeptieren, wie es ist. Sie haben für ihre Freiheit gekämpft, sie haben versucht, in einer von

Männern dominierten Welt mehr Macht für sich zu gewinnen. Das Pendel ist sehr weit ausgeschwungen. Jetzt pendelt es sich langsam in der Mitte ein. Eine neue Art, Frau zu sein, ist dabei entstanden. Solche Frauen haben eine neue Art gefunden, ihr Leben zu erschaffen, und eine neue weibliche Kraft entwickelt. Sie sind keine Über-Frauen. Sie sind weder erleuchtet noch vollkommen, noch hundertprozentig »verwirklicht«. Sie sind normale Frauen, die ihre Schwächen, ihre Enttäuschungen und ihre Misserfolge nützen, um – wie die Schriftstellerin und Lektorin Priscilla Stuckey es formuliert – »durch sie hindurch, wie durch ein Schlüsselloch, zu schauen und ihre grenzenlosen Möglichkeiten zu erblicken«.

»Diese Frauen haben Wege gefunden, wie sie ihr Leben von innen heraus erschaffen können.« BL sitzt auf meinem Monitor. Sie hat die Größe einer Barbie-Puppe. Ihre Beinchen baumeln vor dem Bildschirm. »Wahrscheinlich haben diese Frauen ihre Botin der Lebenskunst, ihre Wohlfühlfee, ihre Muse – oder wie immer sie sie nennen – bereits gefunden. Wenn du den roten Faden deines Lebens finden willst, den Weg, der sich dir eröffnet, dann lerne von diesen Frauen. Hör ihnen zu, und verbinde dich mit ihrem Wissen.«

»Das hört sich gut an, aber welche Fragen soll ich ihnen stellen?« Die kleine BL macht große Augen: »Beobachte dein Leben! Womit hast du zu kämpfen? Wie erschaffst du dein Leben? Oder vielleicht solltest du dich besser fragen, wie du dein Leben *nicht* erschaffst!«

Ihre Bemerkung verletzt mich. Achselzuckend fährt BL fort: »Ich bin nicht nur Licht und Liebe, Schätzchen. Das gehört ins New Age der Achtzigerjahre. Das ist passé. Ich liebe dich, und ich will dir und allen, die es hören wollen, helfen, besser zu leben. Aber ich bin wie eine beste Freundin: Ich sage die Wahrheit. Das ist der einzige Weg, eine beste Freundin zu bleiben.« Sie streckt ihre kleine Hand aus und streichelt mein Gesicht. Ich seufze vor Glück. BL streichelt mich noch einmal und schrumpft dann in sich zusammen. Ihre Stimme wird dabei jedoch lauter: »Dein Leben zeigt dir den Weg.« Ich stehe auf, um nachzusehen, was mit ihr geschehen ist. Oben auf dem Monitor liegt eine Briefmarke, auf der sie abgebildet ist. Als ich sie berühre, zwinkert sie mir zu. Dann verschwindet sie in einer kleinen, schimmernden Wolke.

Ich setze mich wieder hin. Mich von meinem Leben führen lassen? Das klingt nicht gerade vielversprechend. BLs Stimme ertönt von irgendwo: »Weißt du eigentlich, dass Leute, die sich selbst hassen, sich sehr viel Aufmerksamkeit schenken müssen? Es reicht nicht, dich manchmal zu beleidigen oder dir ab und zu eine spitze Bemerkung an den Kopf zu werfen. Es ist ein Full-time-Job! Geh jetzt an die Arbeit und hör auf, dich klein zu machen!«

Was war mir wirklich wichtig? Lebte ich danach? Die Frauen, die ich bewunderte, taten es mit Sicherheit. Sie hatten es herausgefunden, während ich immer noch nach äußerer Anerkennung suchte.

»Das gefällt mir!« BL erscheint auf meinem Bildschirm und dreht sich im Kreis. »Das ist ein guter Ansatz. Geh diesem Gedanken nach!« Dann springt sie auf das Pferd, das neben ihr erschienen ist, und galoppiert davon. Ich sehe ihnen nach, wie sie kleiner und kleiner werden, und wünschte, ich könnte mit.

Wann fühle ich mich gestresst,
wann fühle ich mich unwohl?

Was will mein Stress mir sagen?
Kann ich daraus etwas lernen, das mein Leben
und meine Entwicklung bereichert?

Wen könnte ich um Hilfe oder um ein paar Anregungen bitten, um den Stress oder das mulmige Gefühl in meinem Magen zu lindern?

Anderen zu helfen fällt uns in der Regel leicht. Aber wie oft bitten *wir selbst* um Hilfe? Probier es einmal aus: Sag, dass du Hilfe brauchst. Sage es ohne Umschweife, ohne Schuldgefühle, aber ohne den anderen zu überfordern. Überleg dir vorher, wen du fragen möchtest. Ich habe oft den Fehler gemacht, Leute zu fragen, die selbst in einer Krise steckten. Aber die können dir nicht helfen. Fang klein an! (Das ist ein gutes Mantra!) Du kannst dich auch an deinen Schutzengel, deinen geistigen Führer, die Telefonseelsorge oder an das Internet wenden. Wichtig ist, dass du dir immer wieder sagst: »Ich *darf* um Hilfe bitten!«

Was könnte ich in den nächsten Tagen tun (eine Sache), um diejenige zu werden, die ich sein will?

Denk an etwas Kleines, etwas, das dir leicht fällt, und prüfe, ob du es *wirklich* willst.

Atme ein und denke: »Ich kann nicht alles können.«

Atme aus und sag dir: »Ich bin okay, so wie ich bin.«

Wo oder wann bemerke ich, dass ich meine
Aufmerksamkeit zu sehr nach außen richte?

Was kann ich heute aus meinen Gaben machen?

Wie bin ich in letzter Zeit mit mir umgegangen?
Wie mit einem geliebten
oder einem verhassten Menschen?

BL wiederholt: »Wenn dir dic Fragen zu anstrengend werden, dann leg das Büchlein zur Seite, und spür mich neben dir.

Wenn du es zulässt, nehme ich dich bei der Hand und zeige dir, was du jetzt brauchst, um dich zu entspannen und zu lauschen.«

★

4. Unbändiges Verlangen

Eigentlich ist es ganz klar und doch so leicht zu übersehen: Wenn wir nicht unser Leben formen, dann formt unser Leben uns. Und wir müssen uns jeden Tag erneut dafür entscheiden, es zu tun.

Ist es wirklich so einfach? Nicht ganz! Da gibt es einen Schritt, einen Anlauf, den fast jede nehmen muss, bevor sie sich entschließt, das Steuer in die Hand zu nehmen: Wir tun es erst, wenn unser Verlangen, es zu tun, so stark geworden ist, dass wir bereit sind, auch die schwierigen Entscheidungen auf uns zu nehmen, die *immer* damit verbunden sind. Und die meisten müssen zuerst durch Leiden oder über glühende Kohlen gegangen sein, bevor sie dieses Verlangen entwickeln – durch Depression, Scheidung oder Midlife-Crisis, durch schwere Krisen, Kündigung, spirituelle Übungen oder politisches Engagement. Durch solche Erfahrungen reift in uns der Entschluss, von nun an – koste es, was es wolle – dem zu folgen, was *in uns ist*, und für das Leben, mit dem wir einst, innehaltend und zurückblickend, zufrieden sein werden, wenn nötig auch zu kämpfen.

In Biografien von Frauen wird es ausführlich beschrieben: unbändiges Verlangen und wie es zustande kommt. Für die Malerin Georgia O'Keeffe war es der

Konflikt zwischen dem, was ihr Mann von ihr erwartete, und dem, was sie so dringend brauchte. Daraus entstanden ihre jährlichen Reisen nach New Mexico und die große Wende ihres Lebens. Georgia musste lernen, andere zu enttäuschen. (Welche Frau, die *ihr* Leben leben will, muss das nicht?) Die heilige Katharina von Genua wollte nur eines: sich von ihren ehelichen sozialen Verpflichtungen befreien, um Gott dienen zu können. Sie betete drei Monate inständig darum, krank zu werden, um endlich Zeit für Gott zu haben. Das entspricht nicht unbedingt unserer Vorstellung von unbändigem inneren Verlangen, aber es war das, wonach sich Katharina sehnte. Es passte zu ihr und ihrem Leben. Unser Verlangen muss zu unserem Leben passen. Es ist etwas, das unserem tiefsten Inneren entspringt – nichts, was von außen vorgegeben oder von irgendjemandem erwartet wird, wie man das auch definieren mag. Wenn es nicht mit uns im Einklang steht, dann passt es nicht zu uns.

BL taucht vor meinem Fenster auf und gießt meine Stiefmütterchen.

»Schreib das in Großbuchstaben, ruf es von den Dächern:

Wenn du dein Leben gestalten willst, dann lerne, achtsam und liebevoll mit dir umzugehen und deine Bedürfnisse zu befriedigen.

Ohne Selbstliebe geht es nicht. Sonst schmeißt du bei den ersten Schwierigkeiten die Flinte ins Korn.« Die Stiefmütterchen biegen sich unter dem Wasserstrahl, und die Blattläuse auf meinen Rosen bringen sich in Sicherheit. »In den letzten dreißig Jahren haben viele Frauen versucht, ihr Leben selbst in die Hand zu nehmen. Sie taten es aus den verschiedensten Gründen: aus Verzweiflung, um ihr Ego zu befriedigen oder um sich und anderen etwas zu beweisen. Wir mussten durch diese Phase durch. Es ging nicht anders. Bei jeder Revolution muss das Pendel weit ausschwingen, damit neue Freiheiten erobert werden können.«

Wenn wir es uns nicht wert sind, machen wir uns nicht die Mühe, unser Leben zu gestalten. Wenn wir uns schlecht behandeln, haben wir nicht die Energie, uns immer wieder zu entscheiden. »Ich gehe *meinen* Weg, in Richtung Ganzheit.« Frauen, die sich wohl in ihrer Haut fühlen, fühlen sich so, weil sie sich wertschätzen. Das hat sich in den Interviews bestätigt, die ich durchgeführt, und in den Büchern, die ich gelesen habe. Sie haben es gelernt: durch schwere Prüfungen, durch die Beschäftigung mit anderen Frauen, durch spirituelle Übungen und Erfahrungen. Sie wissen, dass sie es wert sind. Eine Frau formulierte es einmal so: »Trotz der Härten, mit denen ich in meiner Jugend konfrontiert war, habe ich mich niemals selbst gehasst, weil ich wusste, dass Gott mich liebt. Und wenn Gott mich liebt, wie könnte ich mich dann hassen?«

Ich schaue nach draußen zu BL, und sie nickt mit dem Kopf: »Aber Vorsicht: Das ist kein gradliniger Prozess, er gleicht eher einer Spirale. Sei dir so viel wert, dass du dich entschließt, dein Leben in die eigene Hand zu nehmen. Und wie bekommst du das Gefühl, dass du es wert bist? Indem du dich wie jemanden behandelst, den du liebst. Und wie geht das? Indem du dir das gibst, was dir hilft, wach zu bleiben und dich immer wieder dafür zu entscheiden, dein Leben zu gestalten.«

»Und das Ganze, während du auf Pfennigabsätzen Polka-rückwärts tanzt«, füge ich hinzu, um BL zu necken.

BL schwingt die Hüften und tanzt auf mich zu, bis sich ihre Nase an meinem Fenster platt drückt und wir einander Auge in Auge gegenüberstehen. »Bist du bereit, es zu versuchen, Jenny? Bist du es wert? Wenn nicht, dann ist das übrigens auch okay. Ausschlaggebend ist allein: Bist du so weit? Bist du reif dafür?«

Bin ich so weit? Bin ich reif dafür? Bin ich es mir wert? Dafür habe ich mich schon vor langer Zeit entschieden! Aber wir müssen die Entscheidung immer wieder treffen.

Ich stehe auf und erkläre feierlich: »Ich bin so weit! Ich bin reif wie ein Apfel, der gleich vom Baum fällt.«

Was bin ich bereit,
über mich und mein Leben zu erkennen?

Halt inne und geh in dich, bevor du dir diese Frage stellst. Konzentrier dich auf eine Sache. BL fügt hinzu: »Liebe _____, ich weiß, dass diese Frage dir nicht leicht fällt. Es kann sein, dass die Angst an deine Tür klopft und versucht, dir weiszumachen, dass du gar nichts Genaueres über dein Leben wissen willst. Lass dich nicht beirren. Sag ihr: ›Ich will!‹, und lass es kommen. Vertrau auf dich. Vertrau darauf, dass du genau das hören wirst, was du jetzt brauchst. Lass dir Zeit. Entspann dich.«

Mach ich mir das Leben schwerer oder komplizierter als nötig?

Jan wurde irgendwann klar, dass sie nicht stundenlang in der Küche zu stehen braucht, wenn sie ihre Kollegen einlädt, sondern ruhig auch etwas bei einem Partyservice bestellen kann. Dorsey lehnte es schließlich doch noch ab, den Vorsitz des Shakespeare-Festivals zu übernehmen, obwohl sie eine der Gründerinnen war. Ihre Kinder waren jetzt endlich in der Schule, und sie wollte die Zeit zum Schreiben nützen.

Was kann ich Gutes für mich tun?

Für meinen Körper: Viel Wasser trinken; einen langen Spaziergang machen und ein

paar Dehnungsübungen einbauen; genug schlafen; gesundes Essen …
Für meine Seele: In die Kirche gehen; einen Vormittag lang mit zwei Freundinnen meditieren und Tagebuch schreiben; mit deinem Partner einen spirituellen Klassiker lesen, vielleicht sogar auf der Veranda in einer Vollmondnacht …
Zur emotionalen Erleichterung: Stell einen Wecker auf fünfzehn Minuten, leg Musik auf, leg dich auf die Couch, und lass alle Gefühle zu, die kommen.

Bin ich bereit, in der nächsten Woche eines dieser Dinge für mich zu tun?

★

5. Es ist, was es ist, oder: Das Leben ist eine Spirale

Geduld, Kreativität, Beweglichkeit und unbändiges Verlangen. Sich selbst achtsam und liebevoll behandeln. Ein deutlicheres Bild von BLs Botschaft entstand vor meinen Augen, und es war auch ein Bild dessen, wo es mich hinzog. Das Mitgefühl aus ihren Falkenaugen, es war mir fast zu viel, trotzdem wirkte es ungemein belebend. Sie erinnerte mich an die hinduistische Göttin Kali, die mich ebenso anzog, wie sie mir Furcht einflößte. Und genauso ging es mir mit BL. BL und die Frauen, die ich interviewte, waren eine »Kraft innerhalb des Universums, die falsche Vorstellungen entlarvt ... Auf einer anderen Ebene kann man sie auch als Symbol dafür sehen, dass es im Leben um etwas Höheres geht, das wir Menschen nicht beeinflussen können und das sich uns nicht unterwirft«, wie China Galland es in *The Bond Between Women* formuliert.

In *Composing a Life* schreibt Mary Bateson: »Es gab die Tendenz, eine Zukunftsvision zu entwerfen, in der Frauen nicht länger von zwei widersprüchlichen Forderungen oder Wünschen hin- und hergerissen sind, was ihren Weg oft in einen Zickzackkurs verwandelt, oder bestenfalls in eine Spirale. *Dass die Forderungen widersprüchlich sind, schmälert jedoch nicht ihren*

Wert, sondern es erhöht ihn. Es wäre leichter, wenn unsere Ambitionen weniger komplex und unsere Ziele einer klaren Reihenfolge unterworfen wären. Aber vielleicht liegt das, was die Welt von den Frauen heute lernen kann – eine Welt, in der beide Geschlechter lernen müssen, mit Komplexitäten neuer Ordnung und schnellem Wandel umzugehen –, gerade darin, dass sie sich nicht mehr zwingen lassen, sich zwischen Beruf und Haushalt zu entscheiden, zwischen Stärke und Verletzlichkeit, zwischen Konkurrenz und Sich-um-andere-Kümmern und zwischen Vertrauen oder Fragen-Stellen. Denn so einfach ist die Wahrheit nicht.«

»Die Dinge verändern sich, aber nicht abrupt, sondern organisch, Schritt für

Schritt, wenn wir das Leben so akzeptieren, wie es ist: immer unvollendet, immer im Werden begriffen.« BLs Stimme, die von einem Summen begleitet wird, erfüllt mein Haus. »Wenn wir unser Denken auf Gewissheiten und Wenn-dann-Vorstellungen beschränken, verschlingt das viel Energie. Wenn wir jedoch den Dualismus überwinden, so wie Kali es getan hat, dann setzen wir ein gewaltiges Potenzial und eine Menge Energie frei.«

Ich mache mich auf die Suche nach BL und spreche vorerst zu den Wänden. Ich weiß nicht, wo ich sie finden werde, aber ich bin mir sicher, dass sie mich hören kann. »Du willst, dass ich nicht länger auf die Stimme höre, die mir sagt: ›Vorwärts gehen ist das einzig Richtige im Leben, und das einzige Ziel ist, dass es mir besser geht. Und, weil ich es noch nie geschafft habe, etwas wirklich perfekt zu machen, bin ich eine Versagerin!‹?« Ich muss darüber lachen, weil in dem scheinbar Absurden so viel Wahrheit steckt.

Ich finde BL im Garten hinter dem Haus. Sie steht in der Mitte einer riesigen Spirale, die vom Boden bis zu den Baumkronen reicht und in Richtung Himmel langsam blasser wird. Sie ist zirka zwanzig Meter hoch. Die Spirale biegt sich nach oben und nach unten und gibt dieses summende Geräusch von sich. BL steht in der Spirale und tut so, als ob das ganz normal sei. Für sie ist es das vielleicht. »Ich kenne diesen Mach-voran-und-werd-Vollkommen sehr, sehr gut«, sagt sie. »Ich war mit ihm verheiratet. In erster Ehe. Weißt du was? Er war auf Partys der absolute Langweiler. Er hatte die ganze Zeit nichts Besseres zu tun, als die Servietten zurechtzurücken. Und weißt du, wie ich es geschafft habe, ihn loszuwerden? Ich habe aufgehört, ihn zu bekämpfen. Ich habe einfach so getan, als ob ich seinen Predigten zuhören würde.« BL zieht mich näher zu sich heran, bevor sie weiterredet: »Er hasste es, wenn ich nicht genau das machte, was er wollte, und so hat er mich eines Tages sitzen lassen. Und weißt du, wegen wem? Wegen Martha Stewart.« Ihr Lachen hallt von der Hauswand wider.

»Was ist das?« frage ich verunsichert. »Habe ich mich zu weit von der Realität entfernt? Passiert das, wenn wir unseren Weg gehen?«

»Das? Das ist die Spirale deines Lebens.« BL spricht mit der Stimme eines Moderators: »Sie erinnert an das uralte Symbol des Efeus und der Weinrebe. Die Kelten sahen die Spirale als Symbol für Wiedergeburt und Auferstehung. Uns erinnert sie an die DNA, die Grundlage allen Lebens.« Sie setzt sich auf die Spirale und wippt mit ihr auf und ab. »Das Leben ist eine Spirale. Du begegnest immer wieder denselben Dingen, aber jedes Mal siehst du sie aus einer anderen Perspektive.«

Ich trete ein Stück näher. Die Sache beginnt mich zu interessieren. »Eine Therapeutin sagte einmal zu mir, dass wir Menschen nur dadurch lernen, dass wir Dinge aufnehmen und dann weitergehen, bis wir derjenigen in uns selbst wiederbegegnen, die irgendwann alleingelassen, beleidigt oder verletzt wurde, aber dieses Mal wissen wir etwas mehr, sehen es ein wenig anders.« Ich strecke die Hand aus, um die Spirale zu berühren. »Sie glaubt, es kommt nicht darauf an, dass es uns besser geht oder dass wir unsere Probleme lösen, sondern darauf, dass wir sehen, was es ist, und es akzeptieren.«

»Genau! Das ist es!« BL tritt aus der Spirale, die daraufhin in sich zusammenschrumpft, bis sie so klein geworden ist, dass sie in ihre Hand passt. »Die Spirale musst du also gleichfalls in die Gestaltung deines Lebens einbeziehen.«

»Und was noch?«

BL grinst mich an. »Du hättest immer gerne, dass ich dir die Antwort gebe. Aber deine Antworten musst du schon selbst finden.« Sie streicht mir das Haar aus der Stirn, und die Spirale versetzt mir einen kleinen Stoß. »Die Grundregel spirituellen Wachstums ist, dass du die Dinge selbst entdecken musst. Was ich dir erzähle, geht zum einen Ohr hinein und zum anderen heraus. Wie Komplimente. Aber ich hab ein weiches Herz, und ich mag dich, also gebe ich dir noch einen Tipp: Freud.«

Ich sehe BL nach, die durch das Gartentor entschwindet, und ihr Freud-Tipp erinnert mich an Nora Gallagher, Autorin des Buches *Things Seen and Unseen*, die erzählte: »Ich habe über Weihnachten einen Aufsatz von Freud gelesen. Freud sagt, wir glauben, wir könnten unsere Probleme lösen, aber in Wahrheit können wir das nicht. Es gibt sehr wenig, was wir ändern können. Was wir aber tun können, um glücklicher zu werden und das Leben mehr zu lieben oder einfach nur, um weniger neurotisch zu sein: Wir können lernen, unsere Konfliktbereitschaft zu erhöhen – und damit unsere Bereitschaft, das Leben in seiner Komplexität zu akzeptieren.«

Ich lege mich ins Gras und beobachte die Ameisen. Sie wissen, was sie tun. Und sie wissen, dass sie so weitermachen werden, bis an ihr Lebensende. Komplexität und Widersprüchlichkeit sind keine Begriffe, die auf das Seelenleben von Ameisen zutreffen würden.

Ich könnte diese Ameisen beneiden.

Aber ist unser Leben nicht gerade *wegen* seiner Widersprüche umso vieles interessanter?

Fragen zum Leben

Was kann ich in den nächsten Tagen tun, um mich dem Mysterium des Lebens in stärkerem Maße zu öffnen?

Thomas Moore schreibt in *Der Seele Flügel geben*, dass die Seele »in Andeutungen spricht, uns flüchtige Impressionen anbietet, und uns mehr durch ihr Verlangen überzeugt als durch Vernunft ... Die Seele deutet vieles an, aber auf sehr subtile Weise«. Es gibt keine logische Antwort auf diese Frage. Stell sie dir trotzdem, und achte darauf, welche Gedanken und Gefühle sie hervorruft.

Wie rede und denke ich in letzter Zeit?
Findet das, was in meinem Inneren vor sich geht,
in meinem Handeln und Reden Ausdruck?
Verhalte ich mich dementsprechend?

BL legt dir den Arm um die Schultern: »Wenn du sagst, dass du das nicht tust, dann sage ich dir, dass du schwarz-weiß denkst. Es gibt immer Bereiche, wo du es tust, und Bereiche, wo du es nicht tust. Halte meine Hand und sieh, was kommt. Du brauchst nichts zu *tun*, nur schauen.«

Gibt es etwas, wofür ich mir verzeihen möchte?
Gibt es jemanden, dem ich verzeihen möchte?

Wenn ich meinen Körper sprechen lassen könnte:
Was würde er sagen?
Was möchte er mir mitteilen?

BL nimmt deinen Arm: »Halte inne, meine Liebe. Atme ein und aus, und frage deinen wunderbaren Körper, was er dir sagen will. Er ist auf deiner Seite, glaube mir!« Dein Körper gibt dir eine Antwort. Vielleicht möchte er sich bewegen oder singen, vielleicht möchte er lachen oder weinen. Vielleicht brauchst du ein großes Blatt Papier und bunte Farben. Wenn dich das nicht anspricht, dann kannst du dich auch einem bestimmten Körperteil zuwenden. Bist du irgendwo verspannt? Tut dir etwas weh? Fühlt sich dein Körper irgendwo besonders gut an?

6. Wählen und achtsames Lauschen

BL begrüßt mich. Statt der Krone, die sie für gewöhnlich trägt, hat sie heute einen Turban auf dem Kopf und eine orange Schürze gebunden. Mit ihrem Zepter rührt sie in dem undefinierbaren dampfenden Inhalt eines großen Suppentopfs. »Ich bin heute früher da als sonst, denn mir ist aufgefallen, dass wir noch nicht über das Thema ›Wählen‹ gesprochen haben. Es gibt vieles, über das wir noch nicht gesprochen haben, aber das kann nicht länger warten. *Wir können wählen.* Das ist die Achse, um die sich unser

Leben dreht. Ohne zu wählen, können wir nicht gestalten. Wie dein Leben aussieht, hängt davon ab, was du dir aus der Fülle der dir offen stehenden Möglichkeiten aussuchst. Aber Frauen fällt das Wählen schwer: Entweder sie versuchen, alles zu tun, was sie nur eben schaffen, oder sie haben das Gefühl, dass sie nichts tun können.« BL schneidet Peperoni und Mangos und gibt sie in die Suppe. »Bewusst zu wählen hilft dir, dich mit deinen Ängsten anzufreunden.«

»Wie meinst du das?«

»Manche Menschen glauben, sie könnten ihren Ängsten ausweichen, indem sie sich um eine Entscheidung drücken. Aber dann geschieht genau das Gegenteil, dann gewinnen sie nämlich die Oberhand und lähmen uns. Wenn wir uns entscheiden, springen sie uns dagegen mitten ins Gesicht. Das ist vielleicht nicht angenehm, aber wir sind ihnen nicht mehr hilflos ausgeliefert. Und wir können sie sogar nutzen. So paradox es sich auch anhört: Sie spenden uns den Lebenssaft, den wir brauchen, um uns dem Leben hinzugeben.«

»Das heißt: Wenn ich nicht wähle, werde ich von meinen Ängsten überrollt. Wenn ich wähle, können sie mir weiterhelfen.« »Genau!« BL wendet sich wieder ihrer Suppe zu, und ich trinke nachdenklich ein paar Schlucke von meinem Tee.

BL erinnert mich: »Ihr überseht, dass ihr nur eine begrenzte Menge an Energie, Zeit und Geld zur Verfügung habt und deswegen wählen müsst, wofür ihr sie verwenden wollt. (Man kann euch schließlich noch nicht klonen – aber vielleicht ändert sich das ja schon bald.) Ihr *müsst* vor allem eins: bereit sein, die einfache, aber manchmal schmerzliche Entscheidung zu treffen, dem treu zu sein, was sich in euch entwickelt. Und das ist nicht immer leicht. Gibst du mir bitte mal das Salz?« BL salzt die Suppe etwas nach und kostet sie dann. Sie legt die Stirn in Falten, nimmt ein schmutziges, gefurchtes, rundes Etwas in die Hand und gibt einen Teil davon in die Suppe. Ein Schauder läuft mir über den Rücken, als sie die Karotte, oder was immer es war, auf die Seite legt und diese sich wie von selbst ein Stückchen fortbewegt.

»Ich hab gelernt, zu den Dingen nein zu

sagen, die ich gern täte, aber nicht tun kann. Aber der Erfolg ist, dass man mir vorwirft, ich würde immer ›Ich kann leider nicht‹ sagen.«

»Versuch es doch einmal mit: ›Ich entscheide mich für Nein.‹ Darüber werden sich die Leute *noch* mehr ärgern!« Ich verdrehe die Augen, und BL bemerkt es. »Du findest nicht, dass das ein guter Rat ist? Wenn du sagst: ›Ich entscheide mich für Nein‹, dann übernimmst *du* die Verantwortung, dann bestimmst *du* über dein Leben, und nicht deine Schuldgefühle oder das Gefühl ›Ich muss‹.«

Ich wusste, dass sie Recht hatte. (Sie hat immer Recht.) Wir haben die Wahl. Das ist die Achse, um die sich unser Leben dreht. Wenn wir in die mittleren Jahre kommen, spüren wir – manchmal sogar ziemlich heftig –, dass wir mit jeder Woche, die vorübergeht, unserer Wahrheit näher kommen oder uns von ihr entfernen. Wenn das so ist, warum lassen wir uns dann so leicht von unserer Wahrheit ablenken? Antworten gibt es viele: weil uns Beziehungen so wichtig sind; weil wir denen, die wir lieben, nicht gerne etwas abschlagen; weil wir als Frauen darauf konditioniert sind, uns selbst hintanzustellen, und weil wir das nicht in ein, zwei Generationen ungeschehen machen können; weil »das Leben Opfer von uns verlangt«, wie Elizabeth Lesser es formuliert. »Wenn wir dem begegnen, was wir wirklich lieben, sei es ein Mensch, eine Arbeit oder ein Ort, an dem wir gerne wohnen würden, dann müssen wir meist etwas anderes dafür aufgeben ... aber wir können nur opfern, was uns gehört.« Mit anderen Worten: Wählen bedeutet, uns selbst gut genug zu kennen und stark genug zu sein, um unsere Wünsche und Sehnsüchte auszudrücken, und gleichzeitig zu wissen, dass wir nicht immer das bekommen, was wir uns ersehnen. Und noch zwei Gründe, warum wir uns so leicht von unserer Wahrheit ablenken lassen: weil nur wenige von uns gelernt haben, zu wählen und ihre Wünsche und Sehnsüchte zu erkennen und zu nähren, und weil es uns Angst einjagt, uns voll und ganz aufs Leben einzulassen.

»Frauen fühlen sich zwischen Tun und Lieben hin- und hergerissen. Das war schon immer so. Aber Tun und Lieben schließen sich nicht aus. Sie gehören zusammen!« BL fischt eine lange Nudel aus der Suppe und legt sie auf die Arbeitsfläche. »Du brauchst nicht zwischen hier und hier zu wählen«, sagt sie und schneidet mit meinem größten Küchenmesser die Enden der Nudel ab. »Du bewegst dich irgendwo dazwischen. Wenn du ganz werden willst, dann musst du lernen, die Spannung zwischen den beiden Polen auszuhalten: Du willst dich mit dir beschäftigen *und* Karriere machen, du willst was für deinen Körper tun *und* ein Mittagsschläfchen machen. Du sagst: ›Ich liebe meine Tochter, und ich liebe meine Arbeit. Was soll ich tun? Ich kann mich unmöglich beiden auf einmal widmen.‹

Erwarte nicht, eine einfache, glatte Lösung zu finden. Die gibt es nicht. Der Trick ist: Sei dir bewusst, dass es diese beiden Pole gibt, und frage dich: ›Wie kann ich *beides* tun?‹ Viele Frauen glauben, es sei alles eine Frage der Organisation, und sie organisieren ihr Leben bis ins Letzte. Aber das ist nicht die Lösung. Beides ist wichtig: Organisation und Raum für Spontaneität. Klammere dich nicht an deine Vorstellung von Gleichgewicht. Lass den Dingen einmal ihren Lauf, und lass dich überraschen, was geschieht.«

★

7. Ziele oder: die drei Tanten

BL schneidet eine Furcht erregende Grimasse, und ich weiche einen Schritt zurück: »Du schreibst über das Göttliche, über die großen Energien und die Hilfe, die uns zur Verfügung steht, aber bitte tu nicht so, als ob du nicht, wie die meisten anderen, gerne kontrollieren würdest! Ihr müsst beides lernen: loslassen und, wenn es nötig ist, den Wagen lenken. Beides ist wichtig!«

BL lächelt wissend, und ich muss lachen. Sie hat Recht! Ich könnte niemals ganz aufgeben, meinen Hang zum Kontrollieren. Zumindest nicht, solange ich nüchtern bin.

»Ich brauche eine nicht-kontrollierende Art, die Dinge zu kontrollieren.«

»Was du brauchst sind Anti-Ziele oder ›Tanten-Ziele‹, wie ich sie gerne nenne, weil sie ein bisschen anders sind als das, was man sich normalerweise unter Zielen vorstellt. Darf ich vorstellen: Tante Einsicht, Tante Sehnsucht und Tante Absicht. Die drei Schwestern sind etwas provokant, und sie sind sich darüber einig, dass sie mit herkömmlichen Zielen nicht in einen Topf geworfen werden wollen. Sie denken um die Ecke; sie lieben Unterbrechungen; sie behaupten, dass das Leben eine Spirale ist, und sie wollen euch helfen, die Leidenschaftlichkeit und die vielen Möglichkeiten zu entdecken, die euch entsprechen. Sie gehören zu meinem Team. Sie helfen mir, euch daran zu erinnern, dass ihr mit euren Zielen und euren Plänen vorsichtiger und spielerischer umgehen sollt. Sie lieben das Paradoxe, sie geben sich gerne geheimnisvoll, und sie haben eine Schwäche für Überraschungen. Weißt du, was sie am Wochenende am liebsten tun? Ins Blaue fahren.« BL holt von irgendwo eine luxuriöse Liege und eine Pina colada und macht es sich gemütlich. Ich frage mich, ob es erlaubt ist, sich am helllichten Tag einen Cocktail zu genehmigen. Sie hat meinen Blick bemerkt. »Sei nicht so puritanisch! Es ist nichts dabei. Ich hatte so eine Lust auf Kokosnuss.«

»Was meinst du eigentlich mit Um-die-Ecke-Denken?«

»Naomi Newman sagt in ihrem Stück *Snake Talk*: ›Nichts Natürliches oder Interessantes wächst in gerader Linie. Die gerade Linie ist der schnellste Weg zum falschen Ort. Tu nicht so, als ob du wüsstest, wohin du gehst. Wenn du es weißt, dann bist du schon dort gewesen, und das heißt, du gehst zurück. Um-die-Ecke-Denken ist ganz anders.‹ Es ist Jazz, Baby, Jazz.«

»Wie soll ich auf diese Weise meinen Alltag meistern? Und wie lässt sich das mit der Form vereinbaren, die ich meinem Leben geben soll? Und ob es mir hilft, an den Geburtstag meiner Schwägerin zu denken, wage ich zu bezweifeln! Deine Tanten finde ich gefährlich!«

»Hör auf zu glauben, dass der gerade oder der kürzeste Weg von A nach B der Beste sei«, versucht BL mich zu beruhigen. »Manchmal ist es nicht nur nötig, sondern gut, den längeren Weg zu wählen. Wie ein Bach, der sich durch eine Wiese schlängelt. Weißt du, was passiert, wenn du immer geradeaus gehst? Du schneidest den höheren Energien den Weg ab. Und du begegnest so manchem nicht, zum Beispiel dem netten jungen Mann, der wie du den Weg sucht. Weißt du, worauf es ankommt? Sei offen für das, was du erlebst; nutze, was du brauchen kannst, und nimm, wenn nötig, auch mal den längeren Weg. Noch eine Sache, die du anderen gerne beibringst, aber selbst kaum befolgst: Hör auf zu glauben, dass es die eine, richtige Antwort gibt. Natürlich überlegen wir, wie wir etwas erreichen können, aber wir sollten uns auch fragen: ›Wie würde ich dorthin gelangen, wenn ich gezwungen wäre, einen schlängeligen Weg zu nehmen?‹ oder: ›Wie würde ich dorthin gelangen, wenn ich keine Ahnung hätte, wo ich überhaupt hin will?‹ oder: ›Was würde ich sehen, wenn ich meinen Plan mal auf den Kopf stellte?‹ Höre auf alle Stimmen. Du hast es geschafft, mir zuzuhören. Bei den anderen schaffst du es auch. Lass es zu, dass andere dich unterbrechen. Die drei Tanten zeigen dir, wie du Unterbrechungen nutzen kannst …«

Die erste der drei Tanten ist Frau Einsicht. Sie trägt eine große Brille und sieht dich prüfend an. Ihr Hobby ist die Höhlenforschung. Was tut Tante Einsicht? Sie erinnert uns: »Hier ist der Weg, der sich dir eröffnet. Gib acht und folge ihm!« sagt sie immer wieder, wie eine Leuchtreklame, die in regelmäßigen Abständen aufleuchtet. Einsichten sind göttliche Ermahnungen, uns dem Fluss des Lebens anzuvertrauen. Wir begegnen ihnen überall, aber oft wollen wir nicht wissen, was sie uns zu sagen haben, oder wir vergessen es rasch wieder, weil wir sonst in unserem Leben etwas verändern müssten. Und wer will das schon?

Nimm dir ein paar Minuten Zeit, und setz die scharfe Brille von Tante Einsicht auf. Was siehst du? Was hörst du? Schreib es auf. Es muss nicht viel sein. Ein bis drei Einsichten sind völlig ausreichend. Sie können dich jahrelang beschäftigen. Manchmal ist es besser, wenn du dich auf eine einzige Einsicht konzentrierst, zum Beispiel wenn du wenig Energie oder kleine Kinder hast oder wenn dir eine Einsicht kommt, die so grundlegend oder so bedeutend ist, dass sie sich auf dein ganzes Leben auswirkt. Gib ihr Raum, sich zu entfalten. Schau ihr zu, was sie bewirkt.

Wenn du dir nicht sicher bist, ob es sich um eine Einsicht handelt, dann spür in dich hinein. Was sagt dein Körper? Nimm dir Zeit, geh in dich, und du wirst bald wissen, ob sie aus deinem Inneren kommt und Gültigkeit für dich besitzt oder ob es nur ein Gedanke ist, der dem Gefühl entsprungen ist, was du tun *solltest*.

Wenn du dir zu viel vornimmst, allzu zielorientiert oder zu ehrgeizig an die Sache herangehst, dann hast du nichts davon, höchstens Kopfweh oder einen verkrampften Unterkiefer, aber nichts für deine Seele. Besser ist, du nimmst es, wie es kommt, und achtest darauf, was sich gut anfühlt. Dann begegnest du der Gnade und dem Wunderbaren und einer Seele, die sich in ihrer Schönheit entfalten kann.

Hier ein paar Tipps, wie du Tante Einsicht begegnen kannst:

– Geh deine Antworten zu den bisherigen Fragen noch einmal durch. Achte darauf, wovon du gerne mehr in deinem Leben hättest. Fang mit etwas Einfachem, Unkompliziertem an. Große

Worte oder zu große Ansprüche führen selten zu einer wahren Einsicht.

- Blättere in alten Tagebüchern. Du brauchst nicht alles durchzulesen. Lass deine Augen einfach über die Seiten gleiten, und blättere sie in einem gleichmäßigen Tempo um. Achte dabei auch auf deinen Körper. Wie reagiert er auf das, was du da liest? Wo spürst du eine positive Reaktion? Mach dir ein paar Notizen. Eine Viertelstunde ist genug. Schreib nachher Themen oder Worte auf, die dir aufgefallen sind. Lass sie auf dich wirken. Vielleicht kannst du später daraus eine Einsicht formulieren.
- Zieh dich eine Zeit lang zurück, und stell dir die Frage: »Welche Einsichten

möchte ich in meinem Leben integrieren?« Wenn du möchtest, kannst du das auch mit Bewegung oder Meditation verbinden. Warte nicht auf die Antwort, sondern konzentriere dich auf die Frage. Verwende sie wie ein Mantra. Wenn eine Antwort kommen möchte, dann kommt sie schon.

Die zweite der drei Tanten ist die Sehnsucht. Sie sieht dich aus meerestiefen Augen an und lädt dich ein, an ihrer Seite Platz zu nehmen. Und du vertraust ihr deine Träume an, deine Herzensangelegenheiten, die Gedanken, die dir nicht mehr aus dem Kopf gehen, und alles, wonach es dich im Innersten verlangt. Sie ist mehr Ahnung als Gegenwart. Eine Mischung aus der frühen Morgendämmerung, dem Atem eines kleinen Babys und dem Fieber ekstatischer Vereinigung – eine Mischung, die sich ständig ändert und mitunter recht verwirrend ist. Sie will uns helfen herauszufinden, was unsere tiefsten Wünsche sind, derer wir uns aus Angst oder aus anderen Gründen vielleicht nicht bewusst sind. Melodien, die du immer wieder summst, Gerüche, die du wahrnimmst, die Erinnerung daran, wie die griechische Sonne sich auf deiner bloßen Haut anfühlte, all das sind Werkzeuge der Sehnsucht. Ihre Schätze zu betrachten weckt das Verlangen, und es befördert unsere geheimsten Wünsche ans Tageslicht, wo wir sie in Ruhe ansehen und entscheiden können, welchen wir folgen und von welchen wir uns trennen wollen – wie eine Königin, die ihre kostbaren Juwelen ansieht und auswählt, mit welchen sie sich schmücken möchte.

– Mach dir eine Liste jener Dinge, nach denen du dich sehnst.
– Achte auf deine Träume. Sie können dir wertvolle Hinweise zum Thema »Sehnsucht« geben.
– Was waren deine Lieblingsbeschäftigungen als Kind, als Teenager, bevor du Kinder hattest oder diesen Job, der dir so viel abverlangt? Pferde, Schauspielen, Schach, Schwimmen, Monopoly, die Beatles? Dinge, die dir einfach Spaß machten.
– Eine andere Möglichkeit, mehr über

deine Sehnsucht zu erfahren, ist, dich zu fragen: »Was macht mich unglücklich?«, »Wo bin ich unzufrieden?«, »Wo hakt's?«, Welchen Situationen begegnest du immer wieder? Gibt es ein Thema, das all dem zugrunde liegt? Worüber klagst du regelmäßig?

»Die Absicht gibt dir die Kraft, die du brauchst, um voranzukommen«, rezitiert BL. »Ich muss jetzt fahren. Ich hab heute noch was vor! BL winkt mir zum Abschied majestätisch mit einer kleinen Handbewegung zu, und braust in ihrem roten Flitzer davon – in Begleitung eines Mannes, der deutlich jünger ist als sie. Ich bleibe zurück mit Tante Absicht.

Einsicht lädt dich ein, in die Tiefe vorzudringen, und hilft dir herauszufinden, wo du dich entfalten kannst. Sehnsucht geht in die Breite. Sie ist verwegen, und sie will dir helfen zu entdecken, was dir Freude macht und deine kreativen Kräfte weckt. Absicht ist die Dritte im Bunde, und sie ist die Kraft, die die beiden anderen vorantreibt. Sie weckt ihre Schwestern jeden Morgen auf und erinnert sie daran, was sie sich vorgenommen haben. Sie ist ein Konzentrat. Wenn du Aufmerksamkeit dazu mischst, dann hast du genug Saft für eine ganze Weile. Absicht weiß, dass sie einen Namen hat, dem vieles zugeschrieben wird: gute oder schlechte Absichten, Heiratsabsichten, Absichten aller Art. Aber sie lässt sich dadurch nicht aus der Ruhe bringen, sondern hält sich ge-

genwärtig, wie sie sich selbst definiert, nämlich als Motiv für unser Handeln.

Sie weiß, dass unsere Wünsche sich nur dann verwirklichen und unsere Einsichten nur dann Früchte tragen, wenn wir sie mit dem in Einklang bringen, was wir fühlen und denken.

Schwester Absicht möchte, dass wir unsere Absicht folgendermaßen verwenden. Welche Einsichten und Wünsche hast du aufgeschrieben? Sieh dir die Liste noch einmal an und frage dich bei jedem Punkt, wie du dich – körperlich und seelisch – fühlen wirst, wenn sich das in deinem Leben verwirklicht hat. Wichtig ist: Konzentriere dich nicht auf Einzelheiten, die du gerne hättest, sondern darauf, *wie du dich fühlen möchtest, wenn diese Dinge Wirk-*

lichkeit geworden sind. Nur darum geht es Tante Absicht: um die Gefühle hinter deinen Träumen.

Was tust du, wenn du dir zu viele Sorgen machst oder wenn du dich mehr in der Zukunft als in der Gegenwart aufhältst? Was tust du, um deine Einsichten und Sehnsüchte zu benennen oder um genügend Energie zum Handeln aufzubringen? Ganz einfach: Konzentriere dich darauf, wie du dich *fühlen* möchtest. Das ist dein Zauberspiegel, der dir hilft, deine Vorstellungskraft zu fokussieren. Tante Absicht ist das Ziel, das dich zum Handeln führt.

★

8. Fairplay in der Beziehung

Für viele Frauen werden Frauenfreundschaften heute immer wichtiger. Mir sind meine Freundinnen und meine Frauengruppe fast genauso wichtig wie die Beziehung zu meinem Partner.

Unsere Freundschaften helfen uns, unser Leben zu gestalten. Sie halten uns, wie Spiegel, unsere Möglichkeiten vor Augen, und sie unterstützen uns, wenn wir in unseren Bemühungen, uns zu entfalten, ins Stolpern kommen. Beziehungen zwischen Mann und Frau können dies auch leisten, tun es allerdings oft auf eine (vorsichtig ausgedrückt) eher beunruhigende und konfliktgeladene Art und Weise. Die Bereiche, in denen unser unbändiges inneres Verlangen mit dem unbändigen inneren Verlangen unseres Partners zusammentrifft, in denen unsere Widerstände und unsere Gleichgültigkeit sich begegnen, sind es, in denen viele von uns ins Stolpern kommen. Nur zwei Dinge fallen uns noch schwerer: Kinder groß ziehen oder für einen alten Vater oder eine alte Mutter sorgen.

Was Sherry Anderson und Patricia Hopkins in *The Feminine Face of God* herausgefunden haben, hat mich jahrelang verfolgt: »Obwohl bis auf drei alle Frauen, die wir interviewten, zumindest einmal verheiratet gewesen waren, waren über 70 Prozent der Ehen geschieden worden und lebten weniger als ein Drittel der Frauen zum Zeitpunkt unseres Gespräches in einer ehelichen oder eheähnlichen Beziehung ... Was geschieht in unserer männlich dominierten Gesellschaft, wenn Frauen sich ihren Männern nicht länger unterordnen wollen oder müssen? Was geschieht, wenn wir nicht länger bereit sind, uns anzupassen oder unserem Partner zuliebe unsere Prioritäten neu zu setzen? Ist das, was Mann-Frau-Beziehungen bisher zusammenhielt, in Auflösung begriffen? Zum jetzigen Zeitpunkt und vor dem Hintergrund unserer Untersuchungen lautet die Antwort ›ja‹.«

Wenn wir unser Leben in die eigene Hand genommen haben, wenn Lauschen für uns zur Selbstverständlichkeit geworden ist, dann kommt der Punkt, an dem wir nicht mehr bereit oder nicht mehr in der Lage sind, unsere Persönlichkeit zurückzustellen oder anzupassen, um besser mit unserem Mann oder mit unserem Partner auszukommen. Wenn wir es täten, wäre es Verrat an uns und unserem Weg, den zu erkennen und treu zu befolgen wir uns so sehr bemüht haben. Wenn die Vorstellung von Mann-Frau-Beziehungen, mit der die meisten von uns aufgewachsen sind, beinhaltet, dass die Frau sich dem Mann – mehr oder weniger offen – unterzuordnen hat, wie können wir dann eine Beziehung zu einem Mann aufrechterhalten? Und wie können wir uns Frauen zum Vorbild nehmen, die ihren Weg gegangen sind, der sie in eine ungewollte Partnerlosigkeit geführt hat?

Ich habe nie geglaubt, dass wir unbedingt einen Partner brauchen, um uns ganz fühlen zu können. Aber für alle Frauen, die in einer Beziehung sind und bleiben möchten, gibt es eine Frage von großer Dringlichkeit: »Wie kann ich in der Beziehung bleiben *und* mir und meinem sich entfaltenden Selbst treu sein?«

Fragen zum Leben

**Wo beschneide und enge ich mein Leben ein,
damit es besser zu dem Leben eines anderen passt?**

Zum Leben deiner Eltern, deines Chefs, deiner Geschwister, der Kirche, deines Partners, deines Geschäftspartners ...?

Wo enge ich jemanden ein,
damit sein Leben besser zu meinem passt?
Geh dieselbe Liste durch.

Welche Absicht verfolge ich damit?

BL flüstert: »Nimm diese Frage nicht zu ernst. Und lass dir Zeit, sie zu beantworten. Lass sie einfach auf dich wirken: ›Warum engst du andere ein? Warum lässt du dich einengen?‹ Vielleicht willst du es so. Vielleicht geht es nicht anders. Was ich von dir will, ist, dass du es dir vorsichtig bewusst machst.«

Welcher Sehnsucht gebe ich die Möglichkeit
zu wachsen? Hilft meine Absicht meiner Sehnsucht,
sich zu entfalten?

9. Folge der Freude!

Es gibt Grenzen, die wir überwinden können. Wir können uns operieren lassen, wenn wir anders aussehen wollen. Wir können sogar unser Geschlecht umwandeln lassen. Wir können in den Weltraum fliegen und die Schwerkraft überwinden. Wir können eine Diät einhalten, jeden Tag zwei Stunden Fitnesstraining machen und uns die ersehnte Traumfigur zulegen. Und wenn du willst, kannst du in die Volkshochschule gehen und lernen, wie man Proust liest. BL springt auf und stellt sich vor mich hin. »Aber versuch einmal stattdessen dein Verlangen, deine Grenzen und deine Glaubenssätze in einen Topf zu geben. Rühr gut um, warte ein wenig, beobachte, warte wieder, und achte darauf, was an die Oberfläche kommt. Was musst du versuchen aus dem Weg zu räumen, und was weist dir den Weg? Um das herauszufinden, brauchst du Zeit, Wachsamkeit, Ehrlichkeit und viel Nach-innen-Hören.«

Ich stehe auf, um eine Waschmaschine zu füllen. Das Waschzimmer befindet sich bequemerweise in einer Ecke unseres Schlafzimmers. »Wie anstrengend! Das ist alles so viel Arbeit!«

Mit einem lauten Stöhnen bricht BL auf meinem Bett zusammen. Besorgt laufe ich zu ihr hinüber. Sie öffnet die Augen, und ich sehe, dass sie weint. »Du machst es so viel schwerer, als es ist. Hör auf, dir einzureden, du müsstest es allein schaffen. Das musst du nicht! Folge der *Freude*! Wenn du dich nur mit meinen Augen sehen könntest! Wenn du nur sehen könntest, was ich sehe!«

Ich sehe ihr in die Augen, in denen schwarze Flecken sich zu Blüten rund um die Pupille formen. Ich sehe, wie sie um mich weint, um meine Härte und um meine Unnachgiebigkeit.

Ich falle in ihre Barmherzigkeit.

Was kann ich heute aus den Gaben machen, die ich mitbekommen habe?

Denk daran: Es geht darum, was du *kannst* und was dir wichtig ist, nicht darum, was du nicht kannst oder was du gerne können würdest.

Welche Veränderungen haben sich durch meine Einsichten, meine Sehnsucht und meine Absicht in meinem täglichen Leben ergeben?

Halte nach kleinen, subtilen Veränderungen Ausschau. Wo helfen dir die drei Tanten?

Was braucht eine Beziehung in meinem Leben diese Woche, um erblühen zu können?

- Aufmerksamkeit
- Zeit
- einen »unbeteiligten« Dritten, der uns hilft, einander zuzuhören
- Anerkennung
- Dankbarkeit
- Humor
- Zuhören
- ein Opfer
- die Berührung des Göttlichen
- Loslassen
- Spielen
- gemeinsam die Natur erleben
- eine Massage

10. BLs Spickzettel

BLs Spickzettel hilft dir an den Tagen, an denen dir mehr Herausforderungen entgegentreten, als dir eigentlich lieb ist, oder an denen du einfach eine kleine Gedächtnisstütze brauchst.

- Achtsamkeit ist das A und O. Beobachte dein Leben. Frage dich: »Was ist der nächste Schritt? Versuche ich, die Dinge voranzutreiben, oder lasse ich sie geschehen? Worauf weisen meine Charakterzüge mich hin? Was kann ich aus meinem Verhalten lernen?«
- Gut zu dir zu sein ist keine Belohnung,

es ist kein Geschmack, das du dir gönnst, weil du mal wieder durch dick und dünn gegangen bist: Es ist die Basis deines Lebens, der Stoff, aus dem du dir dein Leben erschaffst. Es ist eine *Lebenseinstellung!*

- Richte dein Leben nach dem aus, was dir am meisten bedeutet.
- Hilfe bekommst du nur, wenn du darum bittest. Stell dir vor, du hast eine himmlische Telefonkarte, die dir ermöglicht, mit deiner Führung in Kontakt zu treten. Ein Gespräch kostet dich nicht mehr, als es bewusst zu wollen. Benützt du sie? Oder lässt du sie einfach verfallen?
- Das Lebensgefühl, das du anstrebst, ist der emotionale Fokus, auf den du dich

immer und immer wieder besinnen musst. Ohne Fokus drehen wir uns im Kreis.

- Wenn du nicht weiterkommst oder wenn dich etwas schmerzt, dann halte inne. Atme. Stell dir eine Frage. Lausche.
- Sei offen für die Möglichkeit, dass das, was du *nicht* wolltest, dir etwas sagen will. Vielleicht will es dir sagen, dass du deine Richtung ändern solltest, vielleicht will es deine Wahrnehmung erweitern, vielleicht will es, dass du jemandem begegnest.
- Heiße alle Stimmen in dir willkommen, und schenke ihnen allen Gehör. Urteile nicht, und weise keine zurück, nur weil du nach der authentischen

Stimme suchst. Höre ihnen allen zu – was *nicht* heißt, dass du auch tun musst, was sie sagen.

- Du spürst, welchen Stimmen, Gedanken und Bildern du vertrauen kannst. Dein Körper spürt es. Es ist wie das helle Klingen eines Glöckchens, das in deinem Körper widerhallt.
- Beschäftige dich mit deinen Einsichten und mit deiner Sehnsucht, sooft du kannst. Lass sie auf dich wirken, wie ein Gleichnis oder ein Koan. Was sagen sie dir über dich?
- Warte nicht darauf, dass sich dein Leben »endlich ordnet«. Dieser Tag wird niemals kommen. Darauf zu warten ist pure Energieverschwendung. Fang lieber an zu springen.

- Deine Wahrnehmungen, deine Ängste und deine Glaubenssätze verzerren deine visionäre Kraft. Sie sind unsichtbar, und trotzdem stehen sie dir im Weg. Menschen sind Gewohnheitstiere. Wir geraten immer wieder auf die alte Schiene, und wir bleiben dort. Dein Leben gestalten heißt, alte Muster zu sehen und zu umgehen. Eine Möglichkeit, wie du das lernen kannst, ist, dass du dich täglich neu dafür entscheidest, die Verantwortung für dein Leben zu übernehmen. Warte nicht, urteile nicht, und mach dir keine Sorgen.
- Der Moment, in dem Deine Angst, deine Sucht oder dein Bedürfnis zu kontrollieren die Oberhand gewinnt, ist der Moment, auf den es ankommt.

Er birgt das größte kreative Potenzial in sich. Jedes Mal, wenn du mit ihm konfrontiert wirst, hast du die Chance, dich für Weisheit und Wachstum zu entscheiden und dafür, dein Leben voll und ganz zu leben.

- Hör nicht auf zu lauschen, sobald es dir wieder gut geht. Gott spricht nicht in klingender Münze, sie spricht in Sehnsucht. Achte auf das nächste Zeichen, und behalte deinen Weg im Auge.
- Du bist gut genug! Wage den Sprung ins Vertrauen, bade darin, schwelge in diesem wunderbaren Gefühl, es zu verdienen. Dann wird es unerschütterlich und felsenfest.
- Hast du Angst, egoistisch zu sein oder zu viel an dich zu denken? Höre auf

deine Ängste. Was möchten sie dir sagen? Bluffen sie, wie der Zauberer von Oz, der sich hinter einem Vorhang versteckt und keine wirkliche Macht besitzt? Oder sind sie Vorboten der Veränderung?

- Wenn du dein Leben gestalten willst, dann lerne, achtsam und liebevoll mit dir umzugehen und deine authentischen Bedürfnisse zu befriedigen.
- Du bist nicht allein.
- Leide nicht grundlos, indem du dir einredest, du seist es!

★

11. Hier

Wage den Sprung im Vertrauen darauf, dass sich schon zeigen wird, was dein nächster Schritt ist. Wenn du möchtest, kannst du die Fragen noch einmal durchgehen. Vielleicht möchtest du auch eigene Fragen formulieren oder deinen eigenen spirituellen Lebensplan entwerfen. Was du auch tust, wichtig ist, dass du es bewusst und achtsam tust …

… und dass du dich dafür belohnst, dass du es bis hierher geschafft hat. Das könnte beispielsweise dadurch geschehen, dass du dir den bislang zurückgelegten Weg noch einmal in aller Ruhe vor Augen führst. Geh dieses Wohlfühlbüchlein noch einmal durch. Vielleicht nimmst du dir auch einen Kalender oder dein Tagebuch vor und blätterst zu dem Tag zurück, an dem du begonnen hast, mit diesem Büchlein zu arbeiten. Erinnerst du dich an Momente, in denen du dich anders verhalten hast als sonst? Wo ist es dir gelungen, von innen heraus zu leben? Hat sich in deinem Leben etwas verändert? Denk auch an die kleinen, weniger auffälligen Veränderungen, zum Beispiel eine Einstellung, die sich verändert hat. Wo hat sich die Spirale weiter gedreht? Wo hast du begonnen, die Dinge – zumindest ein bisschen – anders zu sehen als bisher?

Du trägst jetzt eine Krone, und während du diesen Fragen nachgehst, möchtest du vielleicht einen Moment lang innehalten, um sie zu betrachten.

Wir stehen Seite an Seite, unzählige Frauen in unzähligen ineinander verwobenen Kreisen. Wir tragen alle unsere Kronen und rücken sie uns zurecht, während wir versuchen, einen Mittelweg zu gehen zwischen Selbstbejahung und Selbstverneinung, zwischen Unseren-Passionen-Folgen und Dem-großen-Ganzen-Dienen, zwischen Unser-Leben-Gestalten und Uns-von-ihm-gestalten-Lassen.

In *Snake Talk* gibt Naomi Newman uns ihr eigenes Resümee: »Du gräbst, du bückst dich, du schmeißt weg, du gehst im Kreis, du verlierst den Weg, du wartest, du horchst, du tust nichts. Du fällst-hin-du-stehst-auf und entfaltest dich in deinem Innern. Das ist es in Kurzform.«

Wir reichen uns die Hände. Wir sind nicht allein. Wir haben uns.

★

Quellennachweis

Jennifer Louden: *Dein Leben – mach was draus! Das Wohlfühlbuch der Lebenskunst.* Aus dem Amerikanischen von Martina Penz-Koch, © für die deutsche Ausgabe 2000 by Verlag Hermann Bauer, Freiburg im Breisgau.

Die amerikanische Originalausgabe erschien 2000 bei Harmony Books, New York, unter dem Titel: *The Comfort Queen's Guide to Life. Create All That You Need With Just What You've Got.*